Witold Koszela

The Russian Cruiser Varyag

The Russian cruiser *Varyag* is one of the most exciting and remarkable battleships concerning construction and armament, serving the USSR Navy during the Cold War.

The ship was built in 1979-1989 as one of the four large missile cruisers of the project 1164. NATO designated *Varyag* as Slava. The battleship has unique shape dominated by the complex of superstructures with electrical equipment system antennas on top as well as SM-248 launchers of the 4K80 Bazalt system along the sides.

The missile cruisers of the project 1164 to which, apart from *Varyag*, also belong Moscow (ex-Slava), Marshal Ustinov (ex-Admiral Lobov), and Ukraine (ex-Komsomolets/ Admiral Flota Lobov) were one of the best in their class at the time with massive firepower. Because of technologically advanced missiles, they were called "aircraft carrier killers," which was related to their primary purpose – destroying American aircraft carriers.

Currently, their combat capabilities have dropped significantly, but because of the systematic renovation and modernization, *Varyag* is still in service as one of the largest warships in the Russian Navy.

The cruiser was built in 61 Communards Shipbuilding Yard in Mykolaiv, Ukraine, with shipyard number 2010.

Laying the keel took place on July 31, 1979, launching on August 28, 1983, and the flag raising for the first time on December 25, 1989.

Initially, the ship was called *Chervona Ukrayina* (en. Red Ukraine) with a tactical number 119, which was later changed to 031. In 1994 the battleship received the number 011, which was not changed despite the new name of *Varyag*.

In the Soviet Union, the cruiser participated in a series of patrols, exercises and fleet maneuvers, cruising the Atlantic, Mediterranean, and Pacific waters.

For many years the battleship was stationed in Petropavlovsk-Kamchatsky, and later on, already as *Varyag*, restationed to the Zaliv Strelok base, where it served in the 36th Missile Ship Brigade.

In 1997, *Varyag* cruised to Japan and South Korea and subsequently took a long-distance combat cruise in the Indian ocean.

The battleship was stationed in Syria for some time as an element of the anti-aircraft base.

Currently, *Varyag* regularly participates in exercises, i.a. with the use of anti-ship missiles, and despite its advanced age, it remains one of the most valuable combat units of the Russian fleet.

Rosyjski krążownik *Wariag* to jeden z bardziej ciekawych i niezwykłych pod względem konstrukcji i uzbrojenia okrętów wojennych, jakie wprowadzono do służby w marynarce wojennej ZSRR w okresie tzw. Zimnej Wojny.

Zbudowany w latach 1979-1989 jako jeden z czterech dużych krążowników rakietowych projektu 1164 określanych w kodzie NATO, jako Slava, charakteryzuje się niespotykaną sylwetką zdominowaną kompleksem nadbudówek zwieńczonych antenami systemów wyposażenia elektronicznego, a przede wszystkim blokami wyrzutni SM-248 systemu 4K80 Bazalt ustawionych na pokładzie wzdłuż burt.

Krążowniki rakietowe projektu, 1164 do których prócz *Wariaga* należą także Moskwa eks. Sława, Marszał Ustinow eks. Admirał Łobow oraz Ukraina eks. Komsomolec eks. Admirał Floty Łobow w chwili wejścia do służby uchodziły za jedne z najlepszych w swej klasie dysponując ogromną siła ognia, a dzięki zaawansowanym technologicznie rakietom nazywano je „zabójcami lotniskowców", co miało związek z ich głównym przeznaczeniem, jakim miało być niszczenie amerykańskich lotniskowców.

Obecnie ich zdolności bojowe znacznie spadły, jednak dzięki systematycznie prowadzonym remontom i modernizacjom *Wariag* wciąż pozostaje w służbie, jako jeden z największych okrętów wojennych floty federacji rosyjskiej.

Krążownik zbudowany został w Stoczni im. 61 Komunardów w Nikołajewie pod numerem stoczniowym 2010.

Stępkę położono 31 lipca 1979 r, zwodowano 28 sierpnia 1983 r, a banderę po raz pierwszy podniesiono 25 grudnia 1989 roku.

Pierwotnie okręt nosił nazwę Czerwona Ukraina mając na burcie wymalowany numer taktyczny 119, który później zmieniono na 031, a w 1994 roku otrzymał kolejny 011, który nie został zmieniony pomimo nadania nowej nazwy *Wariag*.

Po wejściu do służby i okresie istnienia Związku Radzieckiego krążownik uczestniczył w szeregu patroli, ćwiczeń i manewrów floty odbywając rejsy po wodach Atlantyku, Morza Śródziemnego i Pacyfiku.

Przez wiele lat stacjonował w Pietropawłowsku Kamczackim, a już, jako *Wariag* przebazowany został do bazy Zaliw Striełok, gdzie organizacyjnie podporządkowany był do 36. Brygady Okrętów Rakietowych.

W 1997 roku krążownik odbył rejs do Japonii i Korei Południowej, a później odbył daleki rejs bojowy po Ocenianie Indyjskim.

Przez pewien czas stacjonował w Syrii, jako element osłony przeciwlotniczej bazy lotniczej.

Obecnie *Wariag* regularnie uczestniczy w ćwiczeniach m.in. z użyciem rakiet przeciw okrętowych i pomimo zaawansowanego wieku wciąż pozostaje jedną z najbardziej wartościowych jednostek bojowych rosyjskiej floty.

The Russian Cruiser Varyag • Witold Koszela
First edition / Wydanie pierwsze • LUBLIN 2019 • ISBN 978-83-66148-50-5

Text / Tekst: **Witold Koszela** • Translation / Tłumaczenie: **Sławomir Judek**
• Color profiles / Plansze barwne: **Witold Koszela** • Scale drawings / Rysunki techniczne: **Witold Koszela** • Design: **KAGERO STUDIO**

Distribution / Dystrybucja: Kagero Publishing • www.kagero.pl • e-mail: kagero@kagero.pl, marketing@kagero.pl
Editorial Office, Marketing / Redakcja, Marketing: Kagero Publishing, ul. Akacjowa 100, os. Borek, Turka, 20-258 Lublin 62, Poland, phone/fax +48 81 501 21 05

Tactical data	
Standard displacement	9 300 t
Full load displacement	11 300 t
Length	186,0 m
Beam	20,8 m
Draft	8,4 m
Propulsion	2x71000 hp GTA M-21 (10000 hp M-70, 2x27500 hp M-8KF, 1x6000 hp steam turbine)
Top speed	32,5 kn
Cruising speed	18 kn
Range	2 200 nmi (32,5 knots), 8 070 nmi (18 knots)
Complement	485 officers and men
Missile armament	8x2 Bazalt SM-248 anti-ship missile complex launchers (16 P-500 missiles (4K80)); 8x1 B-204 3M41 Fort SAM system launchers (64 V-500R missiles (5V55RM)); 2x2 ZIF-122 4K33 Osa-M SAM system launchers (9M33 missiles)
Artillery armament	1x2 130 mm AK-130; 6x6 30 mm AK-630
Anti-submarine armament	2x5 533 mm PTA-53-1134 torpedo tubes; 2x16 RBU-6000 rocket mortar launchers
Electronics	Koltso reconnaissance radar; MP-401 Start ESM Radar system; MP-407 Start-2 ESM Radar system; 2 MP-150 Gurzuf-A ESM Radar systems and 2 MP-152 Gurzuf-B ESM Radar systems; 2 PK-2M decoy RL launchers; 8 PK-10 Smely-P decoy RL launchers
Sonar complex	MGK-335 Platina
Other systems	Tayfun-2 communication system; R-790 Tcunami-BM satellite communication system; KPF-3K, KPI-7F navigation complexes; ADK-3M Shlyuz, Parus and Tsykada global-positioning systems; Rumb direction finder; Argon fire control system for P-1000; Korvet-5 Combat information control system; RBU-6000 Smerch-2 Burya fire control system; Lesorub-1164 combat information control system; Tactical data processing system Poyma; Information exchange system More-1164; 12KP sea-search radar

Podstawowe dane taktyczno-techniczne	
Wyporność standardowa	9 300 t
Wyporność pełna	11 300 t
Długość	186,0 m
Szerokość	20,8 m
Zanurzenie	8,4 m
Napęd	2 zespoły turbin M-21 pracujących poprzez linie wałów na jedną śrubę napędową składające się z turbiny gazowej marszowej M-70 o mocy 10 000 KM, 2 turbin gazowych szczytowych M-8KF o mocy 27 500 KM każda i turbiny postojowej o mocy 6 000 KM.
Prędkość maksymalna	32,5 e
Prędkość ekonomiczna	18 w
Zasięg pływania	2 200 Mm przy prędkości 32,5 w, 8 070 Mm przy prędkości 18 w
Załoga	485 oficerów i marynarzy
Uzbrojenie rakietowe	8xII bloki wyrzutni SM-248 dla 16 rakiet przeciw okrętowych P-500 systemu 4K80 Bazalt; 8 bloków startowych B-204 systemu przeciwlotniczego S-300F Fort dla rakiet 5W55RM; 2xII wyrzutnie ZIF-122 systemu przeciwlotniczego Osa-MA dla rakiet 9M33
Uzbrojenie artyleryjskie	1 armata AK-130M kal. 130 mm; 6 armat AK-630M kal. 30 mm
Uzbrojenie podwodne	2xV wyrzutnie torpedowe DTA-53-1164 kal. 533 mm; 2xXVI wyrzutnie rakietowych bomb głębinowych RBU-6000
Środki WRE	system walki elektronicznej Kolco; system walki elektronicznej MP-401 Start; system walki elektronicznej MP-407 Start-2; stacje zakłóceń aktywnych 2 typu MP-150 Gurzuf-A i 2 MP-152 Burzuf-B; 2xII wyrzutnie celów pozornych PK-2M; 8xX wyrzutnie celów pozornych PK-10 Smiełyj-P
System hydrolokacyjny	MGK-335 Platina
Inne ważniejsze systemy	okrętowy zestaw środków łączności Tajfun-2; System łączności satelitarnej R-790 Tsunami-BM; Systemy nawigacyjne KPF-3K, KPI-7F; Systemy nawigacji kosmicznej ADK-3M Szljuz, Parus i Cykada; Radionamiernik Rumb; System kierowania ogniem Argon dla P-5000; System kierowania ogniem Korwiet dla P-5000; System kierowania ognie m Paruga-1164 dla RBU-6000; Okrętowy system informacji bojowej Liesorub-1164; System przetwarzania danych o sytuacji taktycznej Pojma; System wymiany informacji Morie-1164; System obrazowania sytuacji nawodnej 12KP

Varyag

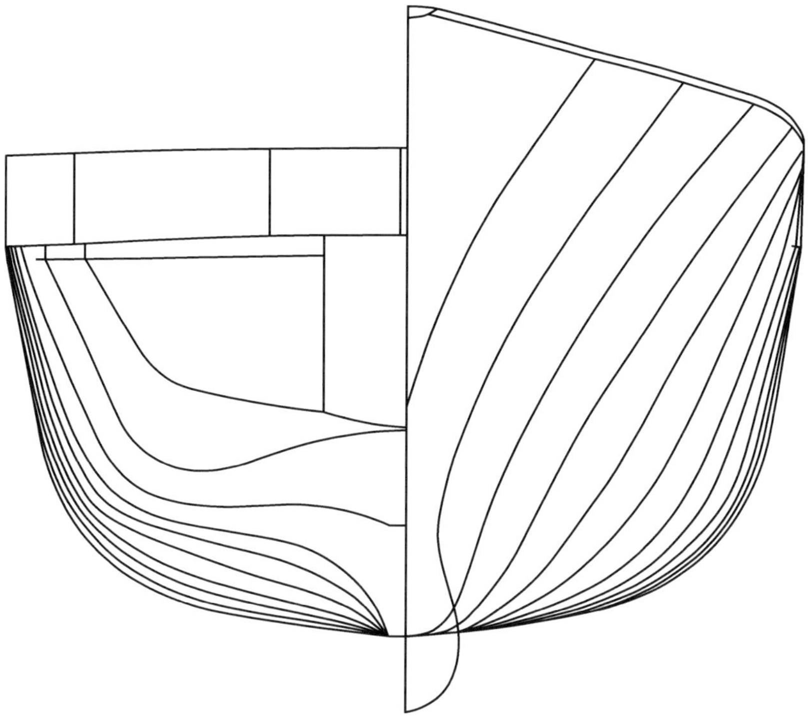

Hull frame section
Przekroje wręgowe kadłuba

Hull sectional view in the hangar area, torpedo launchers
Przekrój kadłuba w rejonie hangaru, wyrzutnie torped

TOPDRAWINGS
Opracowanie i rysunki: © Witold Koszela

Varyag

Bow deck
Pokład dziobowy

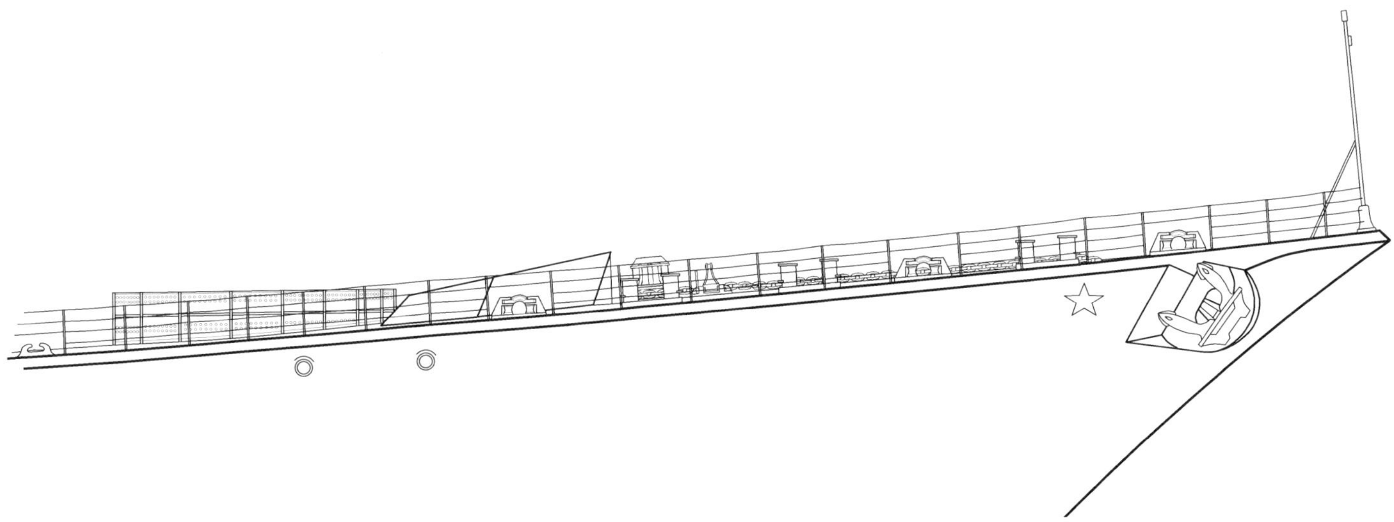

Starboard view
Widok z prawej burty

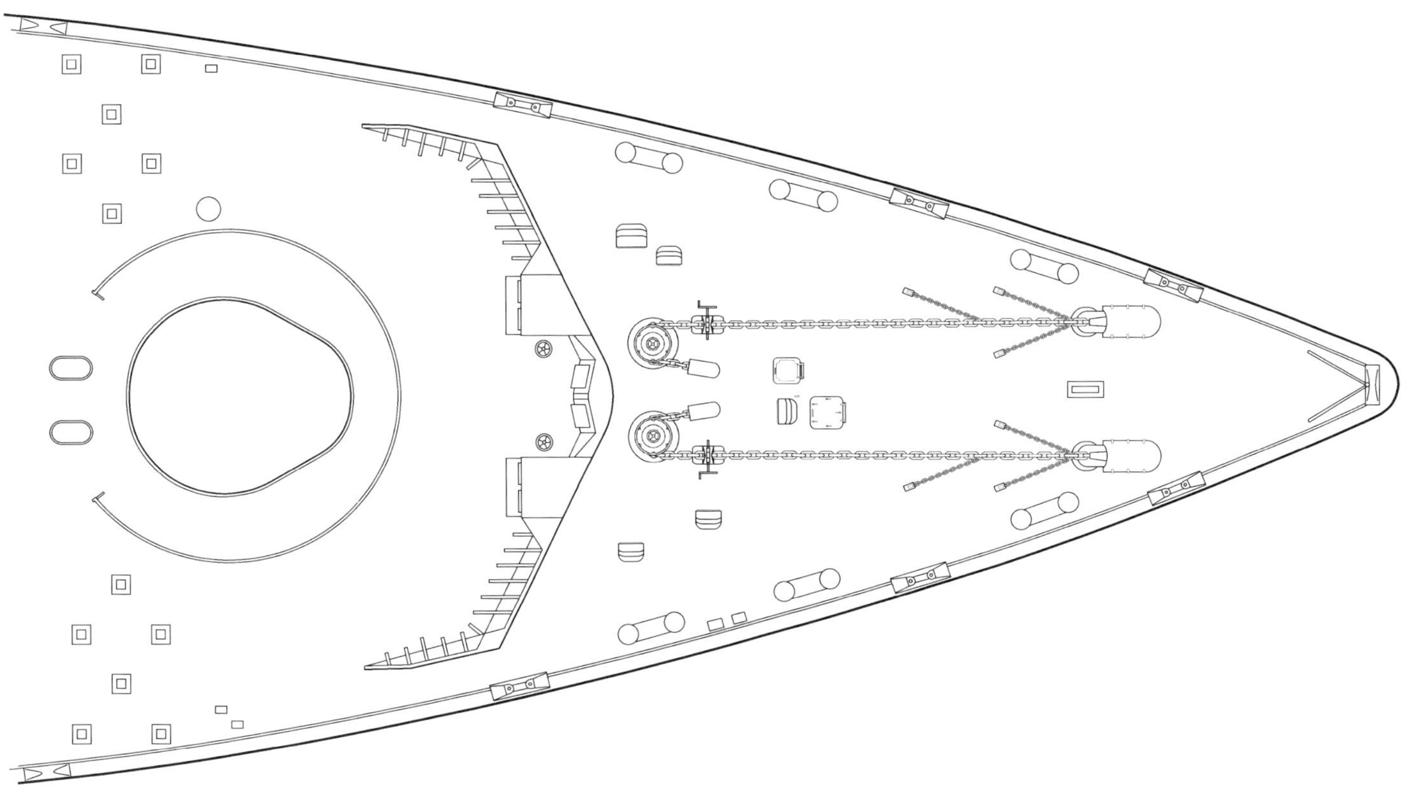

Top view
Widok z góry

Scale/Skala 1:200

Varyag

Stern deck
Pokład rufowy

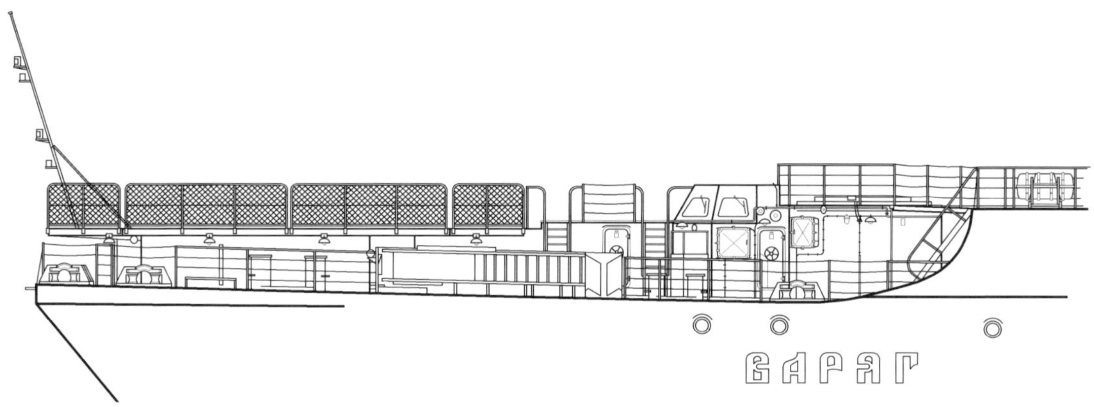

Starboard view
Widok z prawej burty

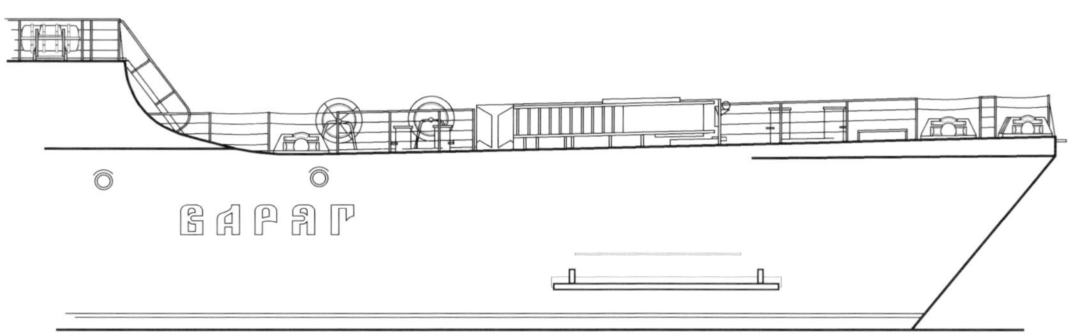

Portside view (no superstucture)
Widok z lewej burty (nadbudowa zdjęta)

Scale/Skala 1:200

Varyag

Stern deck
Pokład rufowy

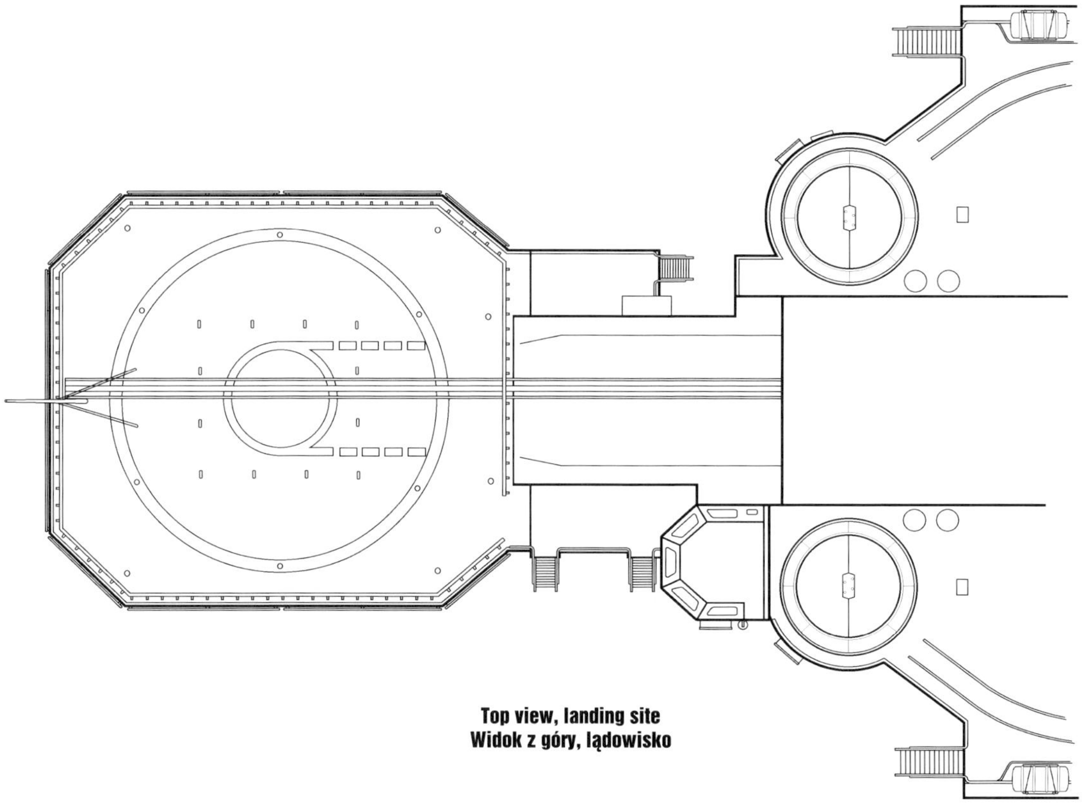

Top view, landing site
Widok z góry, lądowisko

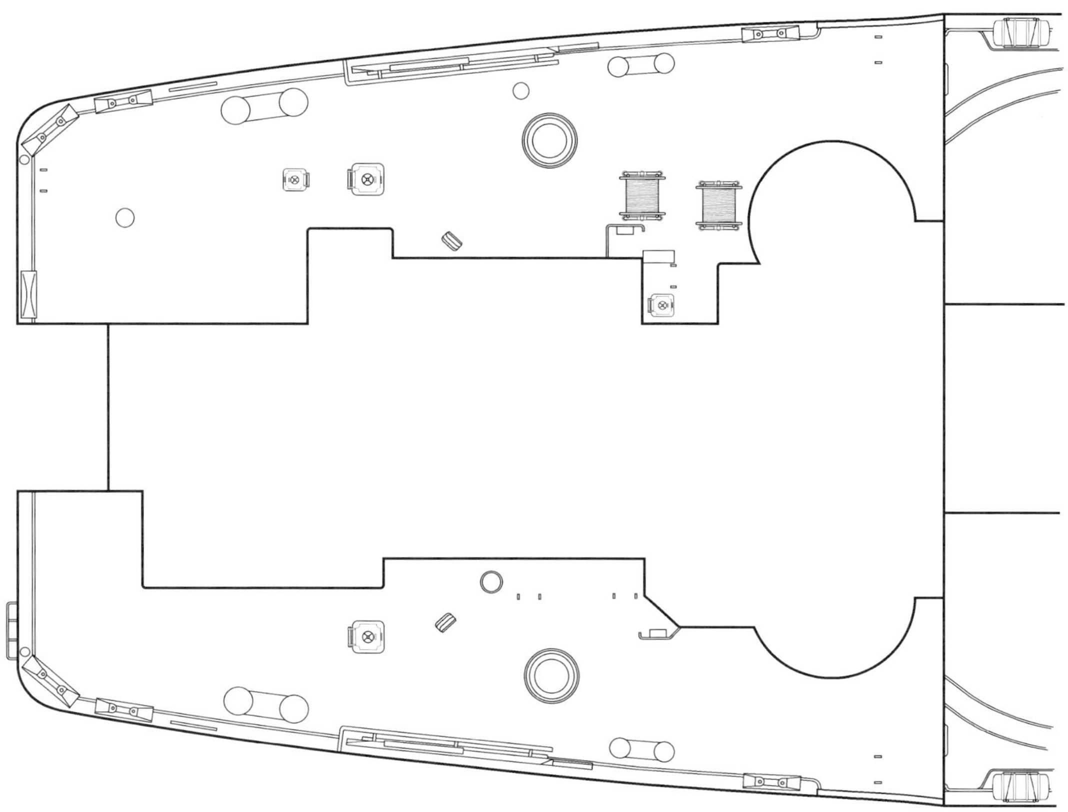

Top view, no helipad
Widok z góry lądowisko zdjęte

Scale/Skala 1:200

Varyag

Main superstructure, bow area
Nadbudówka główna, część dziobowa

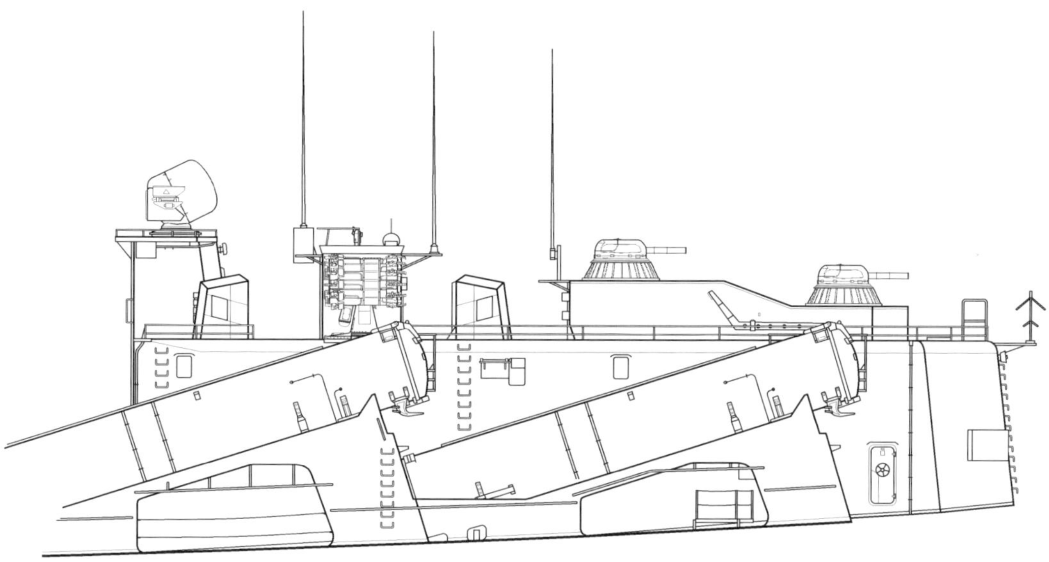

Starboard view
Widok z prawej burty

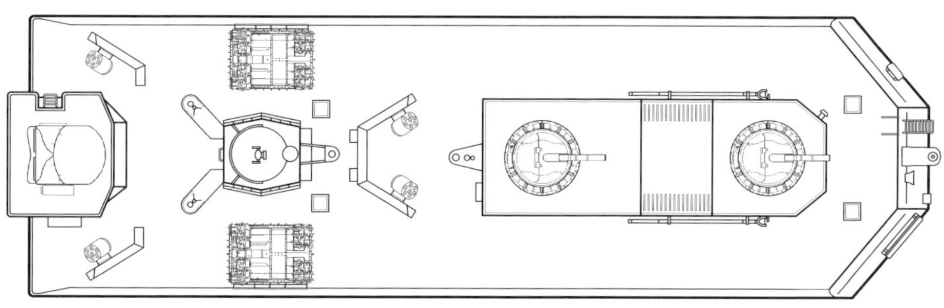

Top view
Widok z góry

Varyag

Main superstructure
Nadbudówka główna

Starboard view
Widok z prawej burty

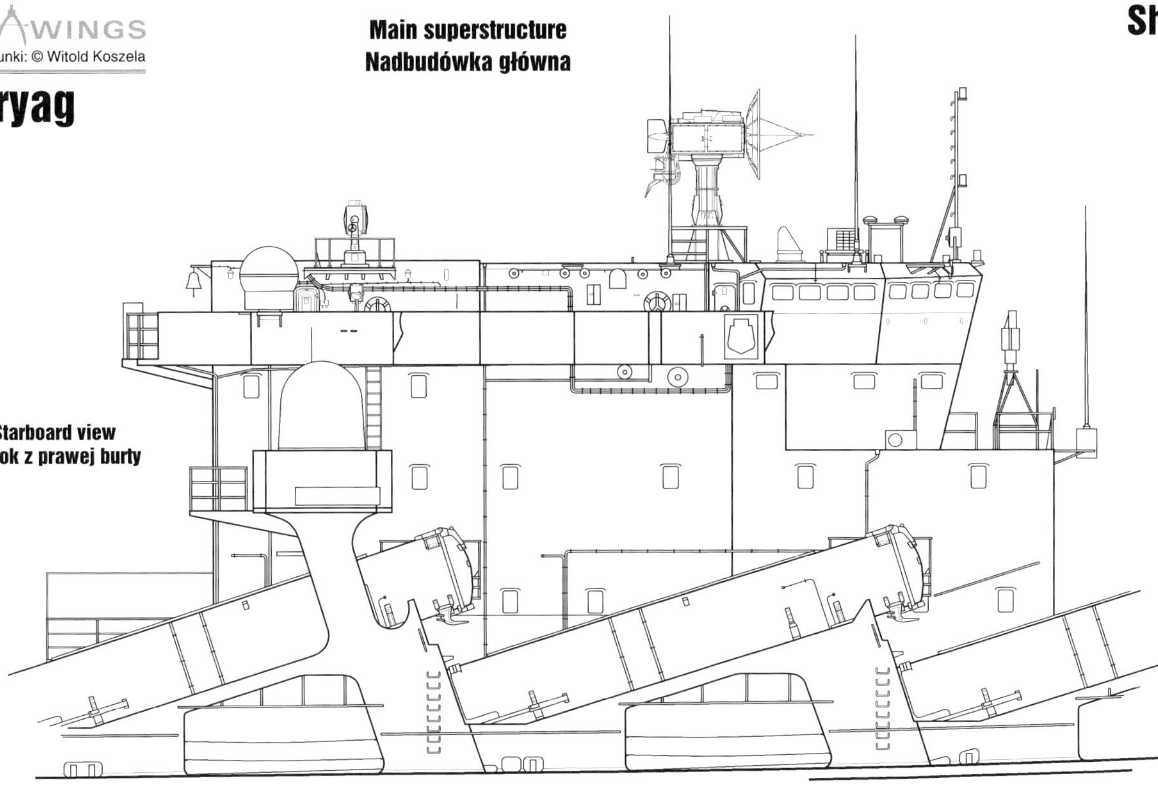

Bow view
Widok od dziobu

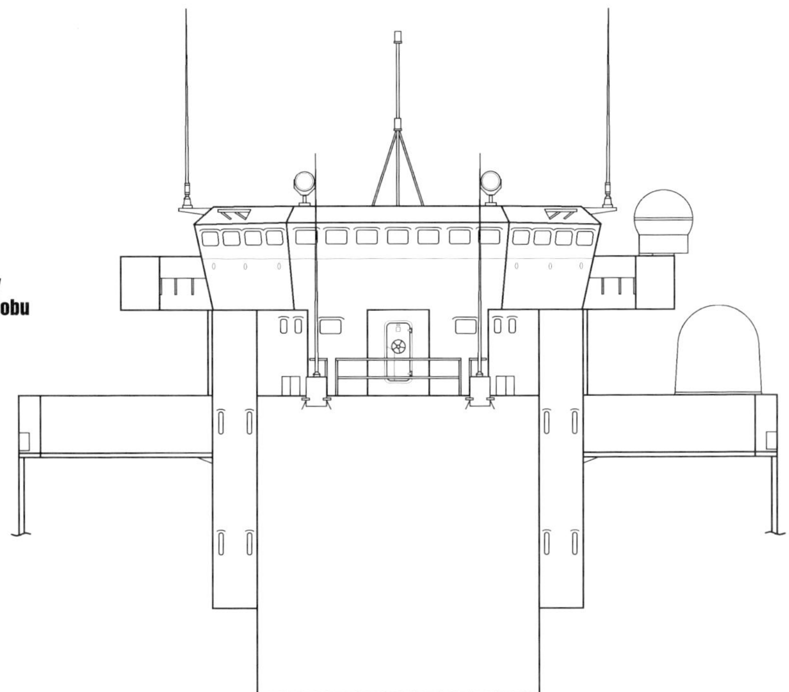

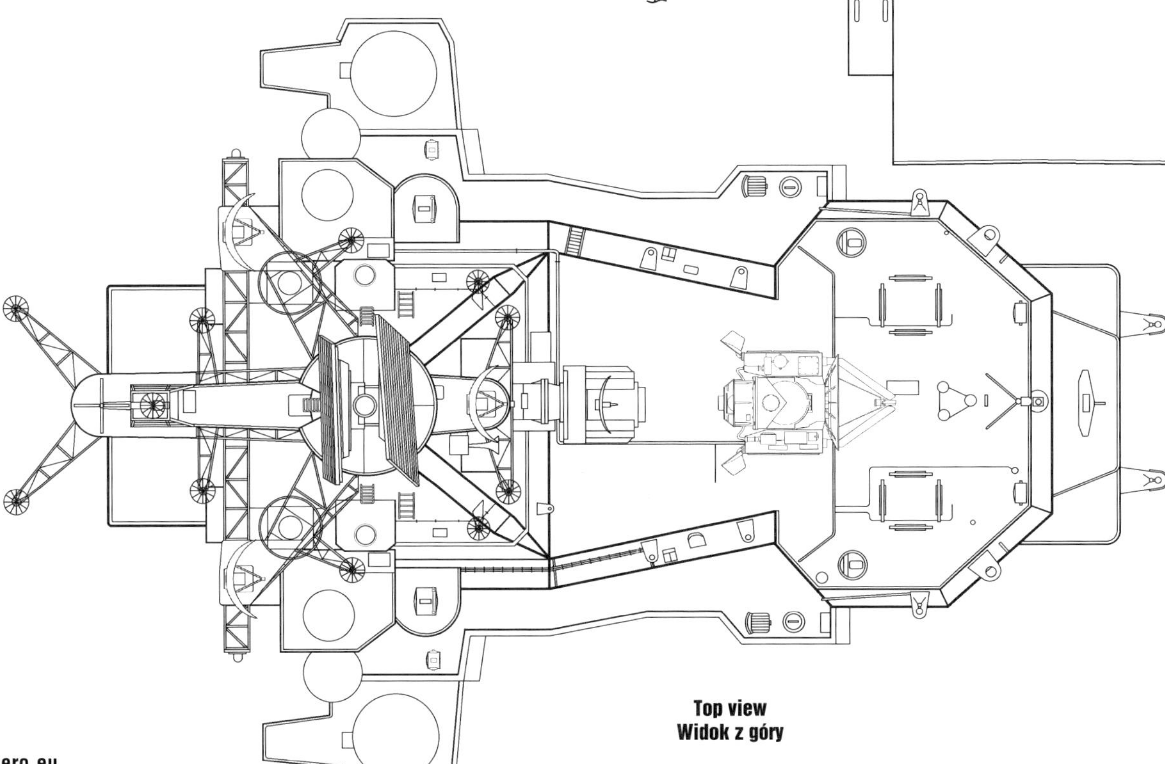

Top view
Widok z góry

Scale/Skala 1:200

Varyag

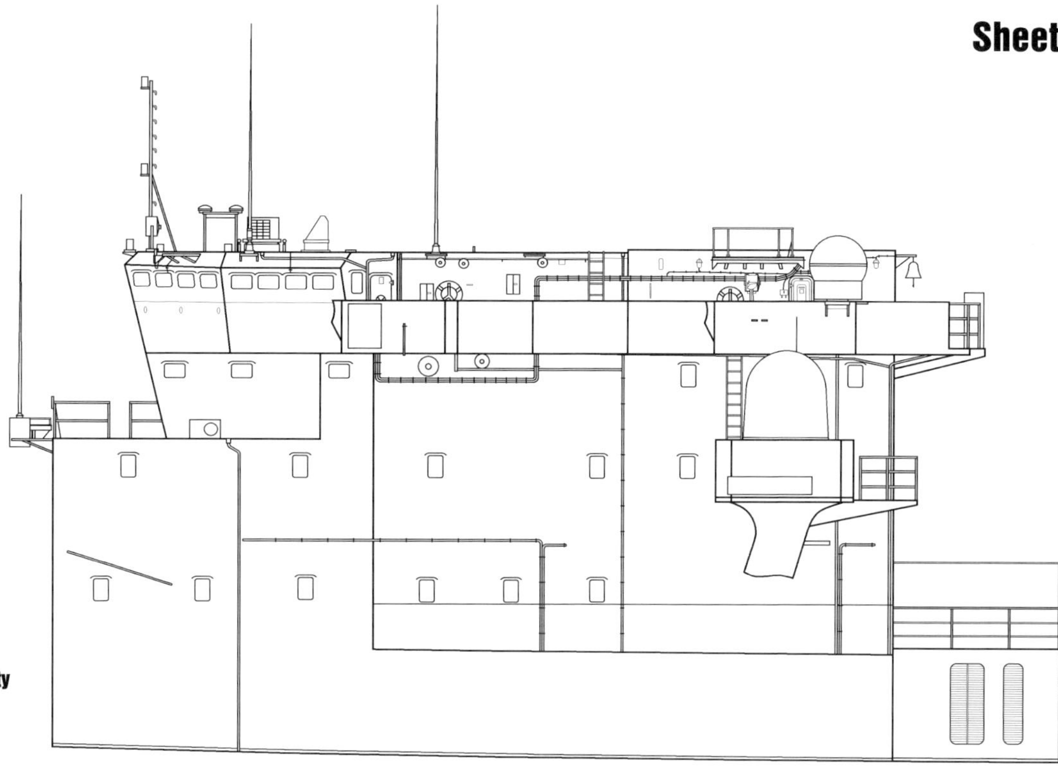

Portside view
Widok z lewej burty

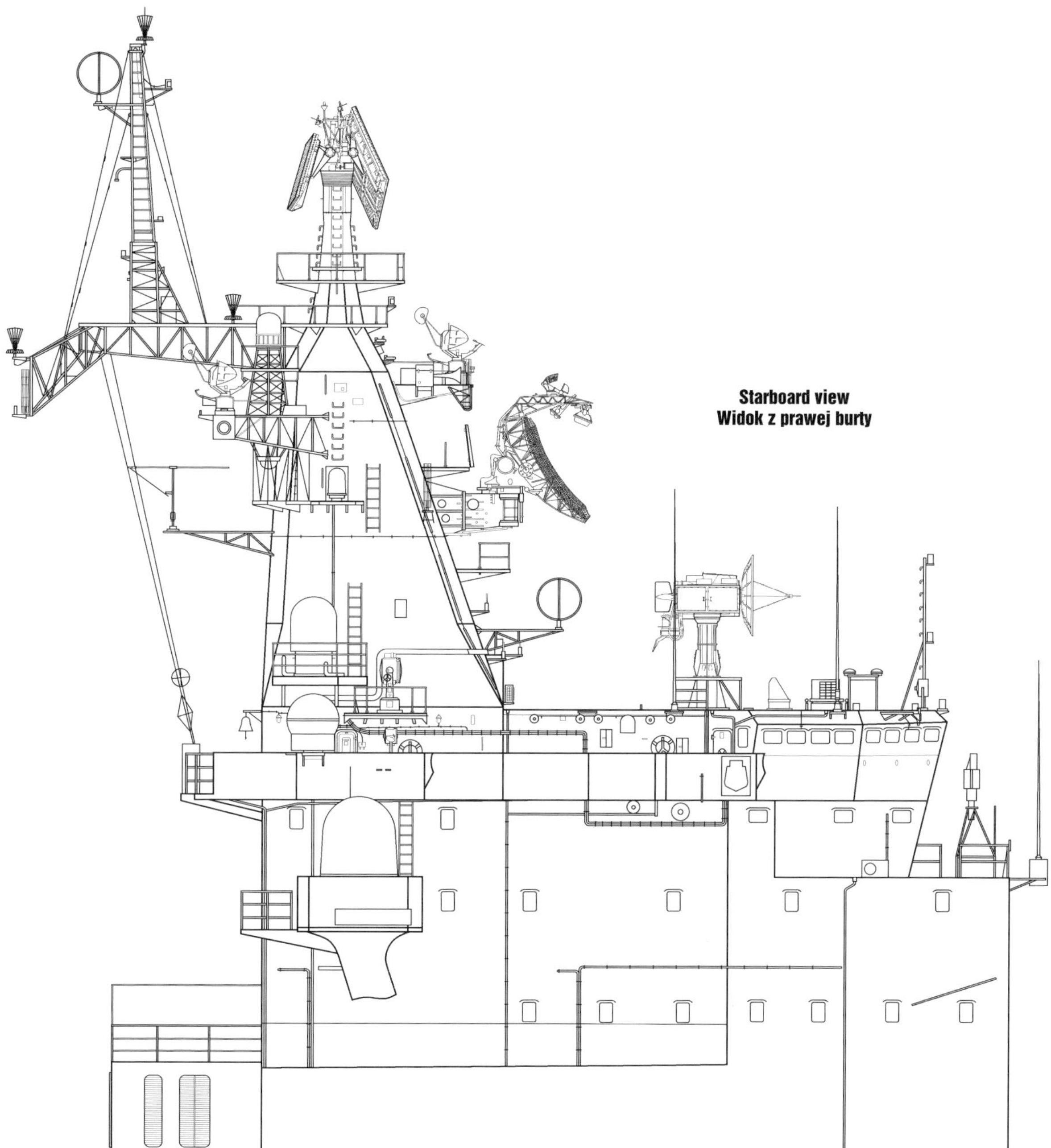

Starboard view
Widok z prawej burty

Scale/Skala 1:200

Varyag

Main superstructure, amidships
Nadbudówka gówna, część śródokręcia

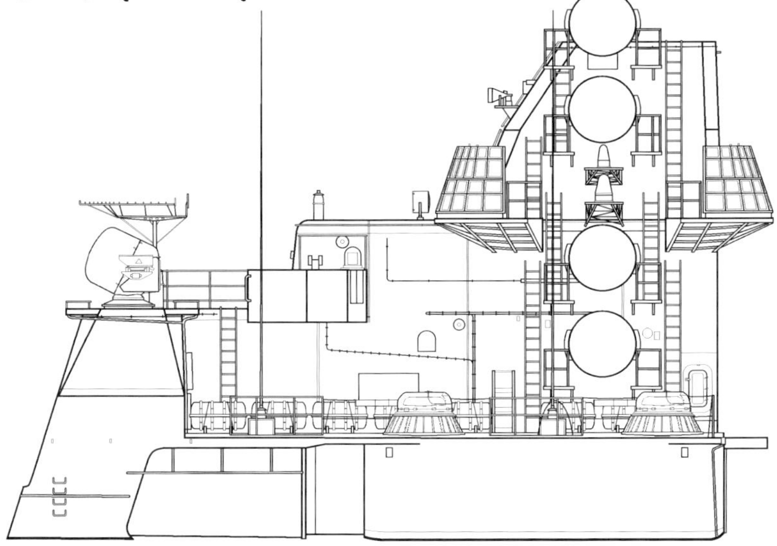

Portside view
Widok z lewej burty

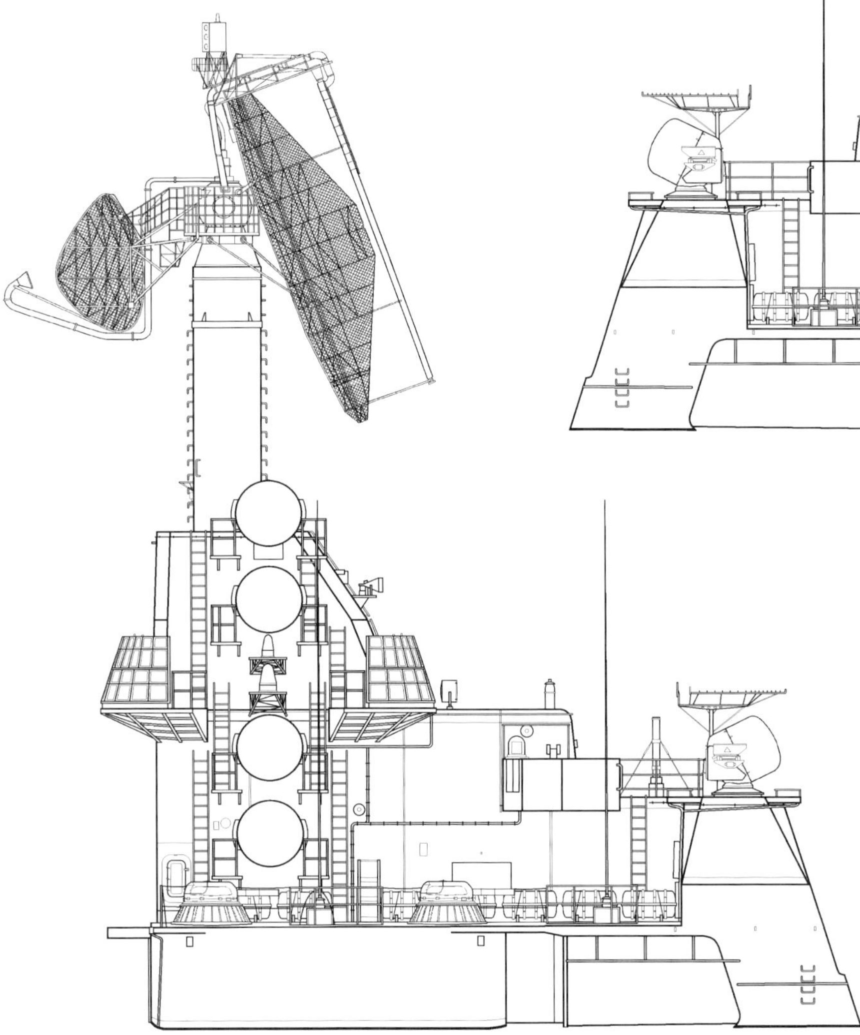

Starboard view
Widok z prawej burty

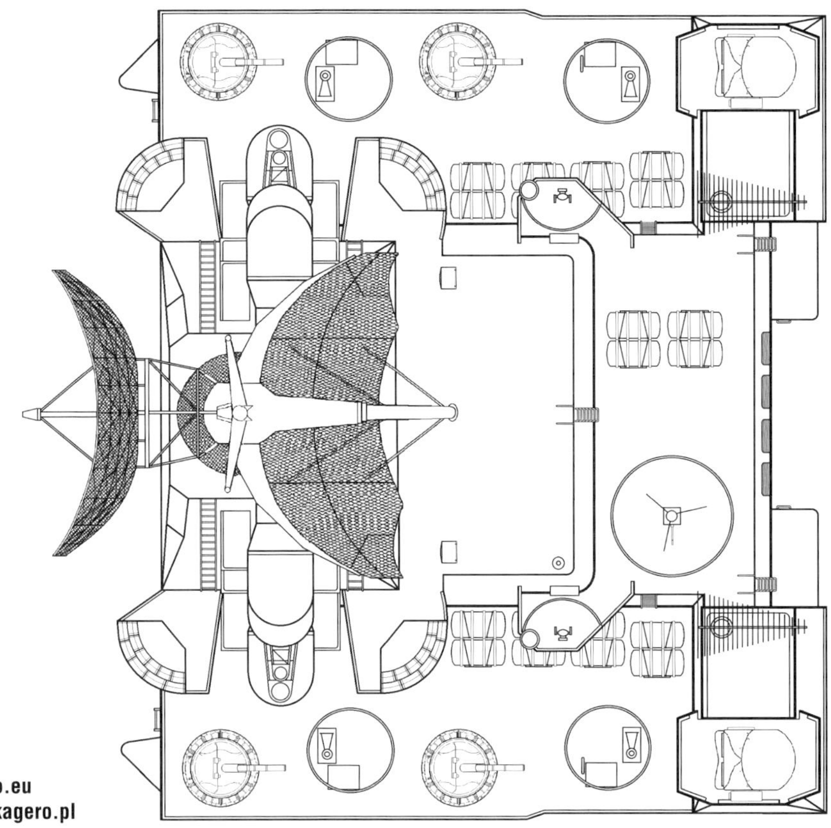

Top view
Widok z góry

Scale/Skala 1:200

TOPDRAWINGS

Opracowanie i rysunki: © Witold Koszela

Varyag

Sheet/Arkusz 9

Funnel
Komin

Starboard view
Widok z prawej burty

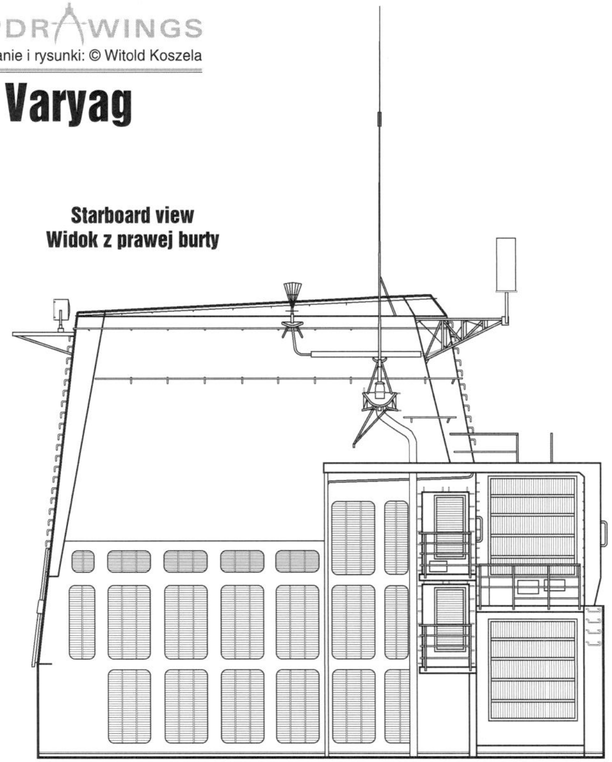

Bow view
Widok od dziobu

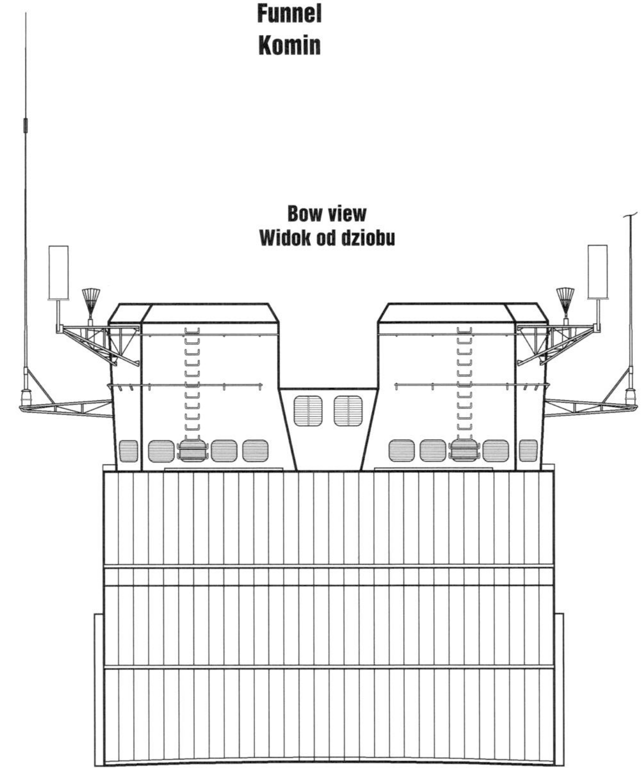

Stern view
Widok od rufy

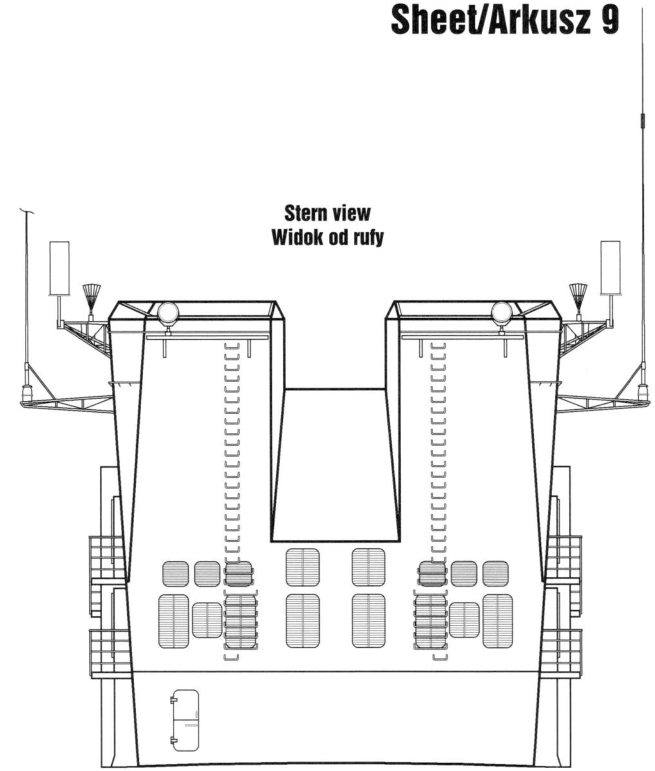

Top view
Widok z góry

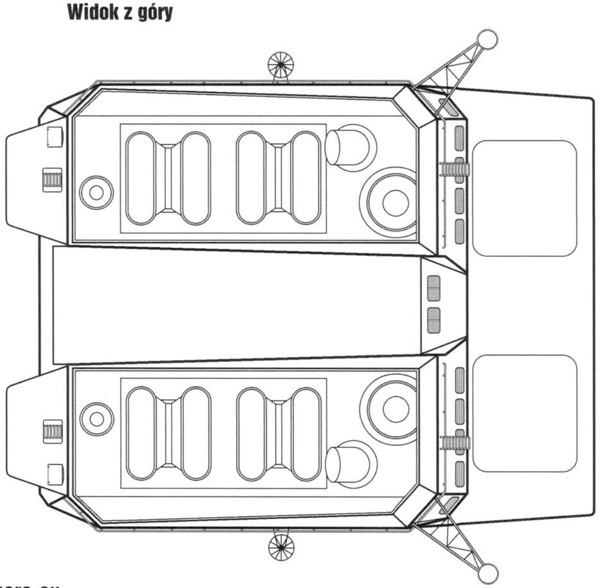

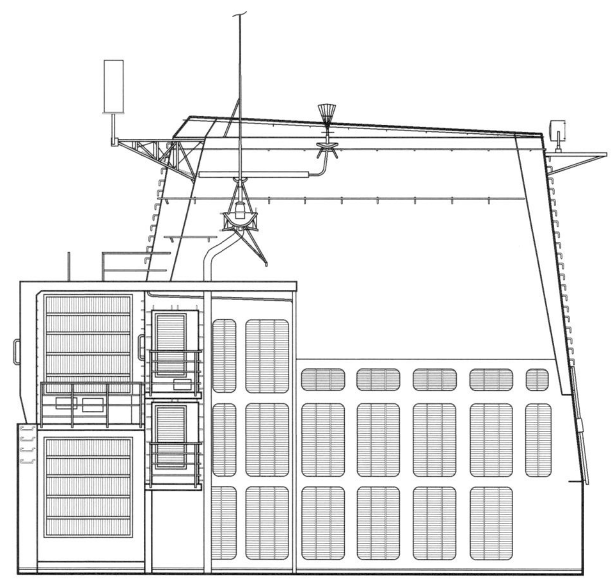

Portside view
Widok z lewej burty

www.kagero.eu
www.shop.kagero.pl

Scale/Skala 1:200

TOPDRAWINGS
Opracowanie i rysunki: © Witold Koszela

Varyag

Stern superstructure, hangar
Nadbudówka rufowa, hangar

Starboard view
Widok z prawej burty

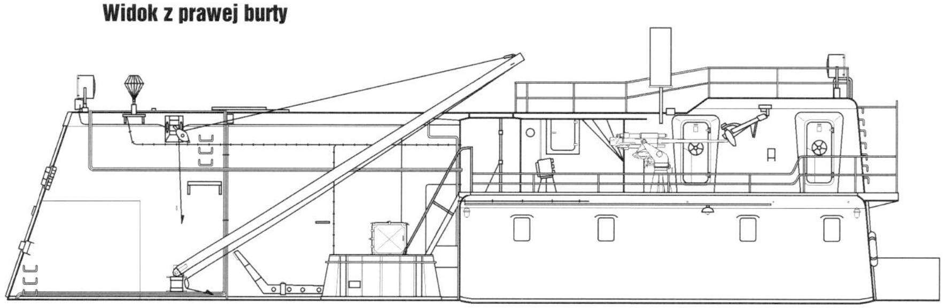

Portside view
Widok z lewej burty

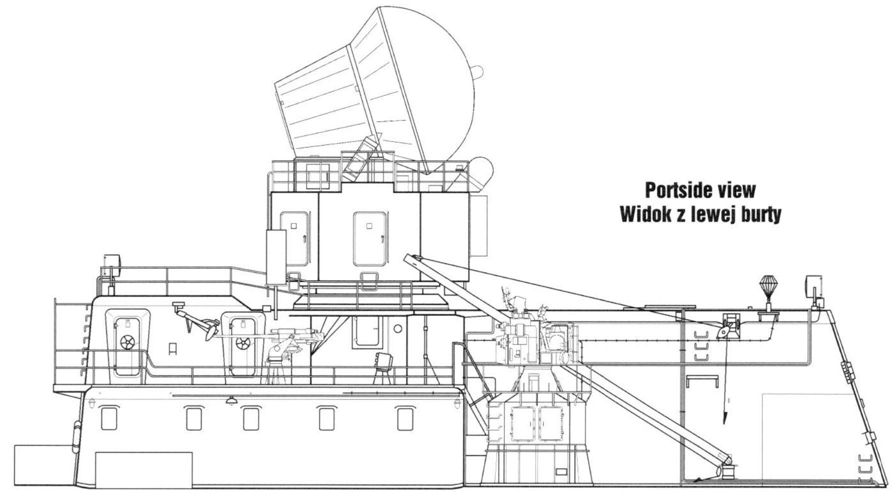

Top view
Widok z góry

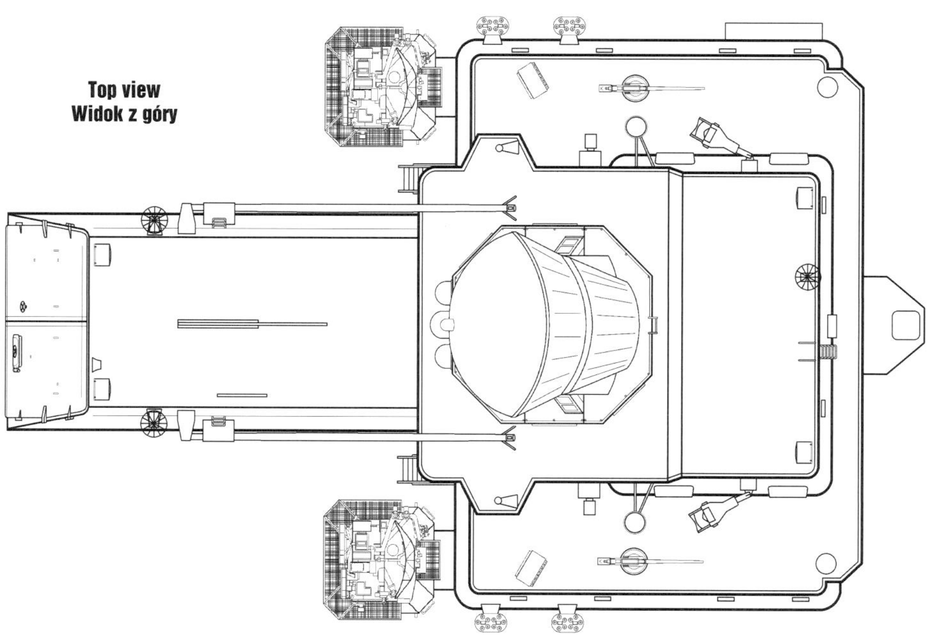

Bow view
Widok od dziobu

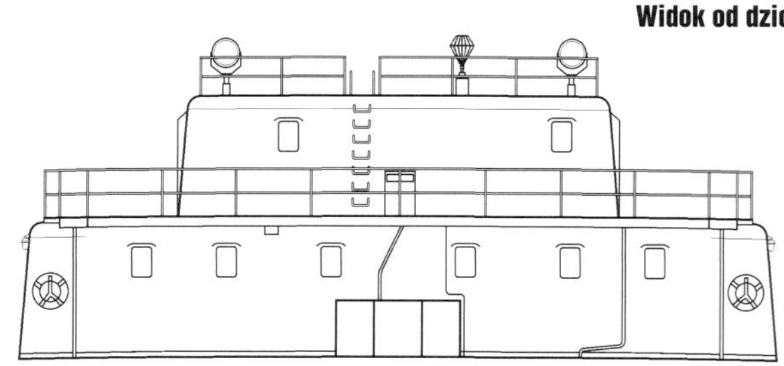

Scale/Skala 1:200

Varyag

Helicopter positon and hangar sectional view
Sposób przenoszenia i ustawienia śmigłowca na pokładzie lotniczym i hangarze

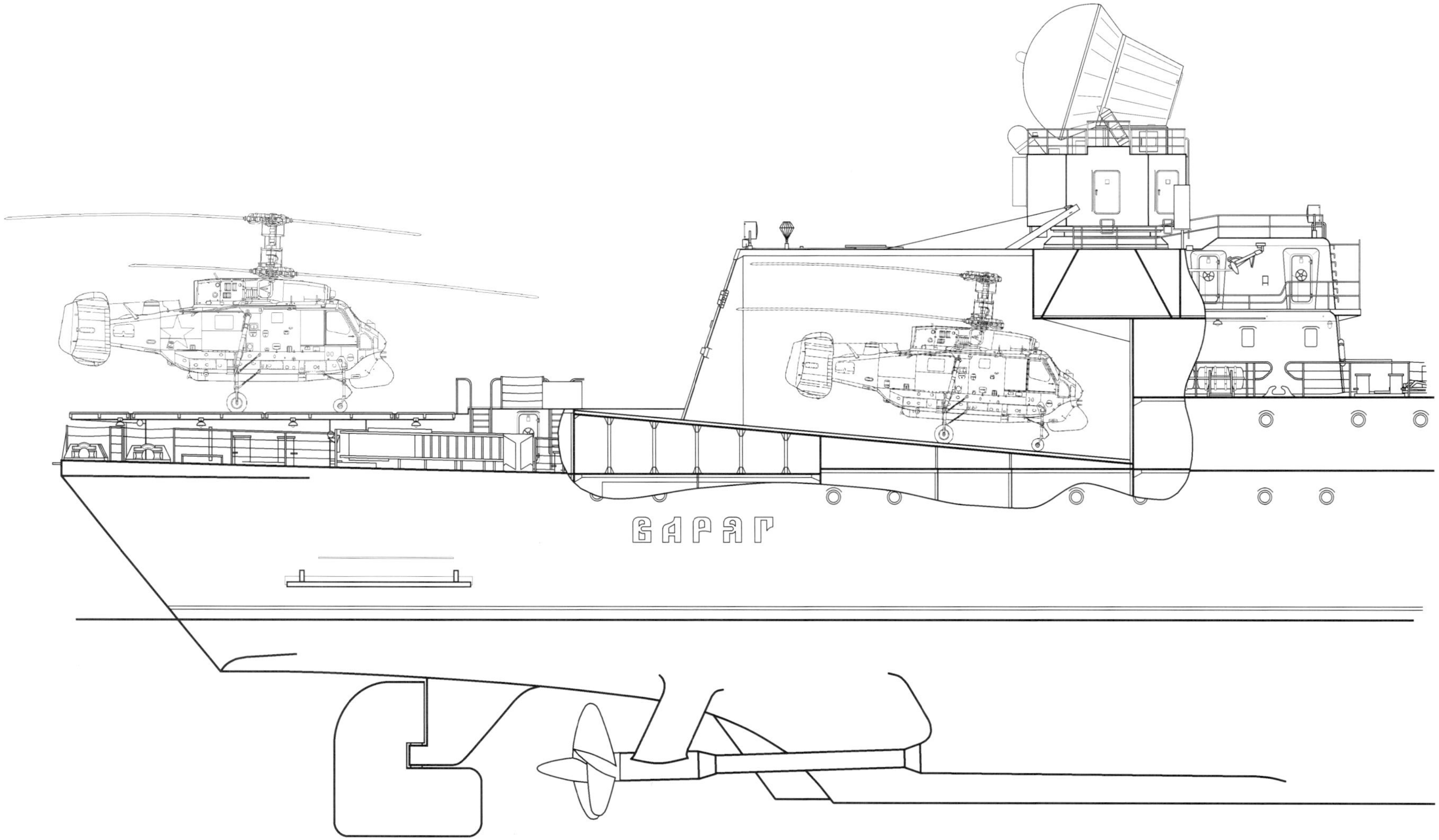

Scale/Skala 1:200

TOPDRAWINGS

Opracowanie i rysunki: © Witold Koszela

Varyag

SM-248 4K80 Bazalt anti-ship missile complex launch tubes (16 P-500 missiles)
Bloki wyrzutni SM-248 dla 16 rakiet przeciwokrętowych P-500 systemu 4K80 Bazalt

Sheet/Arkusz 12

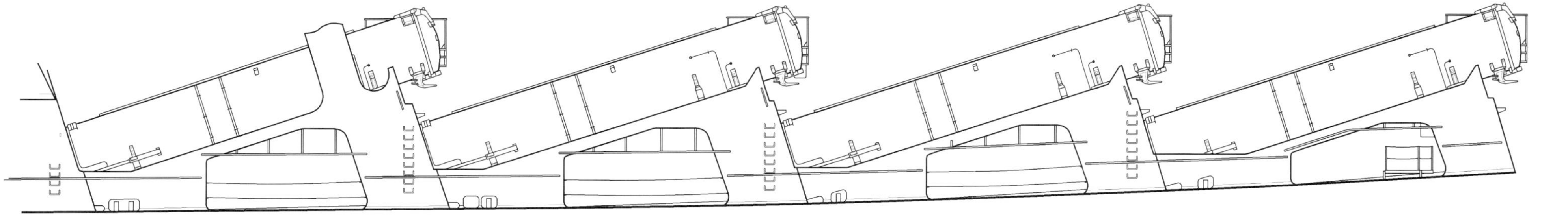

Starboard view
Widok z prawej burty

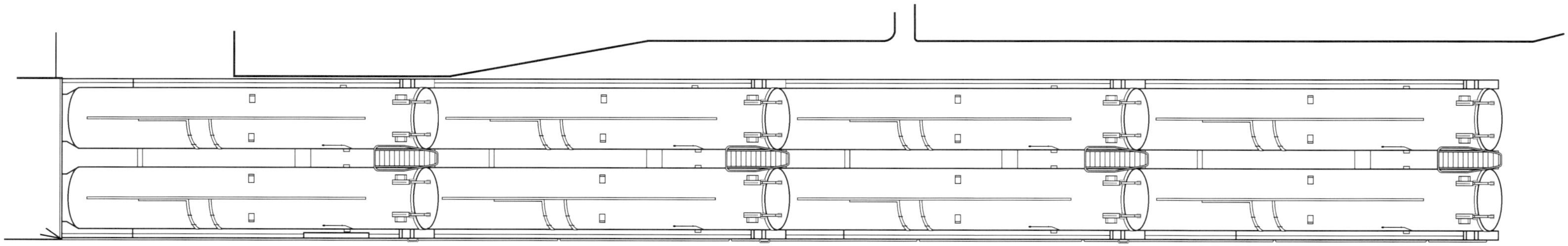

Top view
Widok z góry

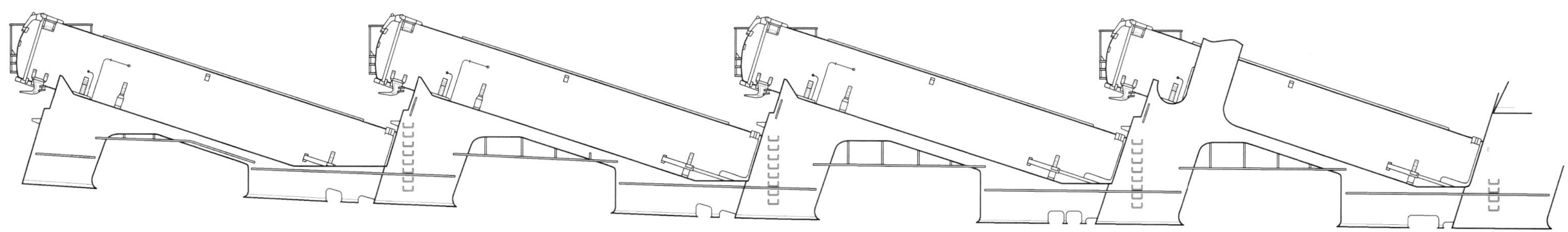

Portside view
Widok z lewej burty

Scale/skala: 1:200

Varyag

AK-130M 130 mm gun
Armata AK-130M kal. 130 mm

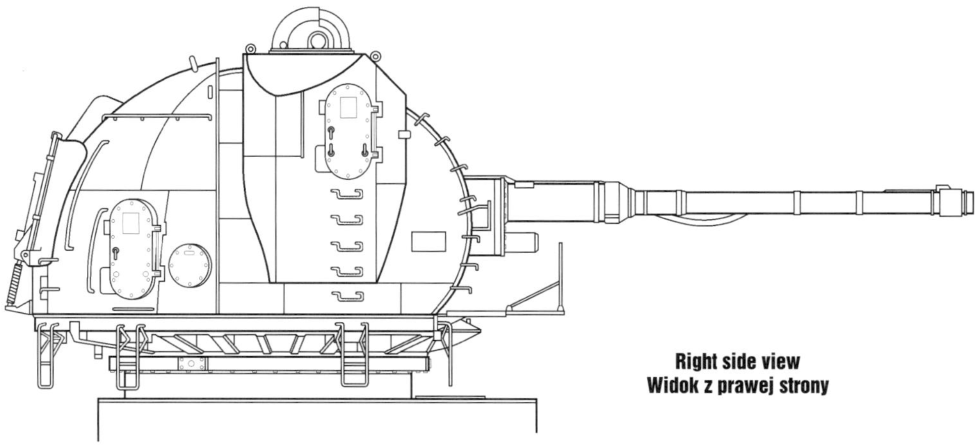

Right side view
Widok z prawej strony

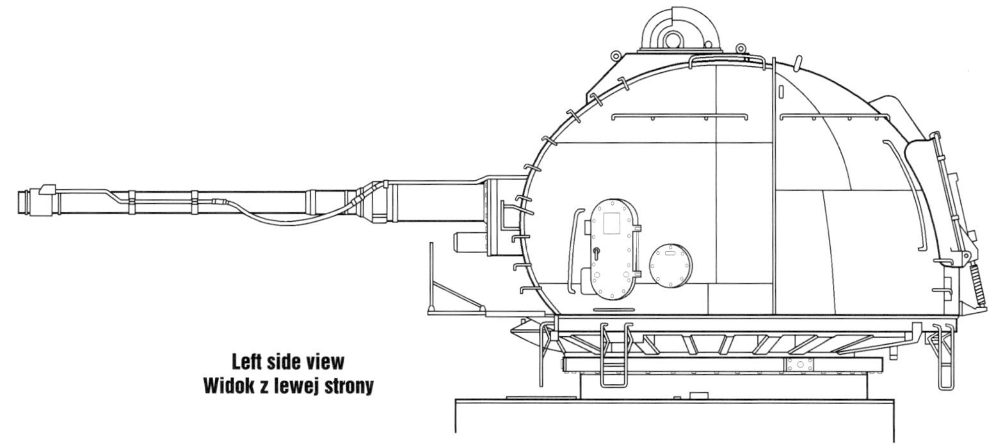

Left side view
Widok z lewej strony

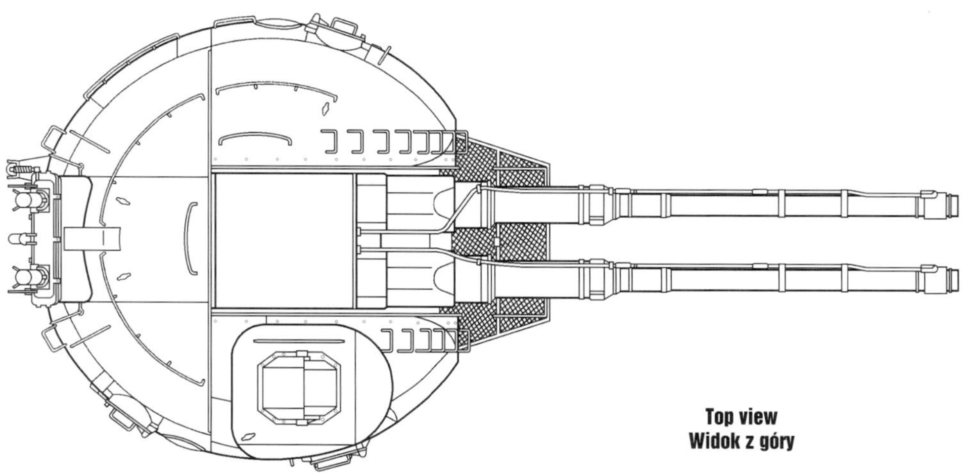

Top view
Widok z góry

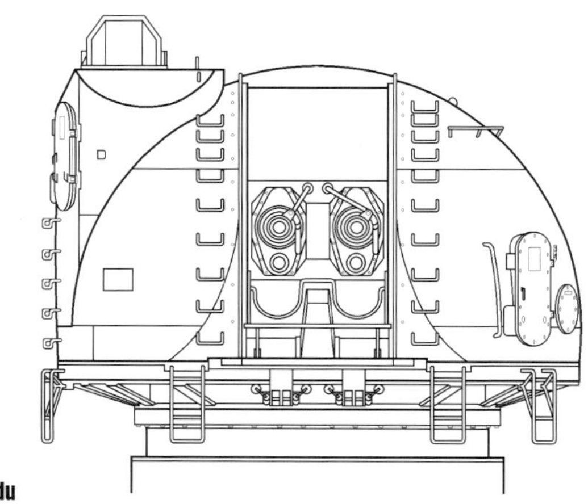

Front view
Widok od przodu

Scale/Skala 1:100

Varyag

AK-630M 30 mm gun
Armata AK-630M kal. 30 mm

Right side view
Widok z prawej strony

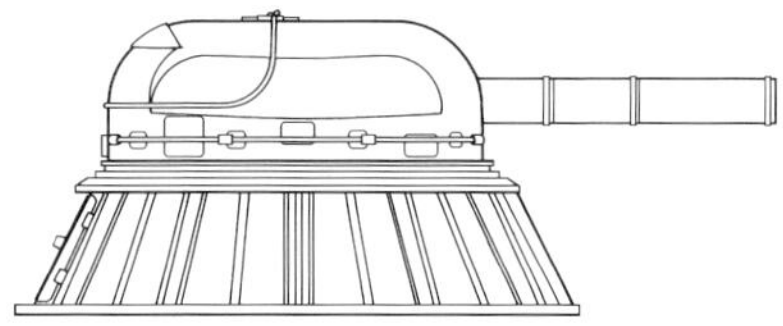

Top view
Widok z góry

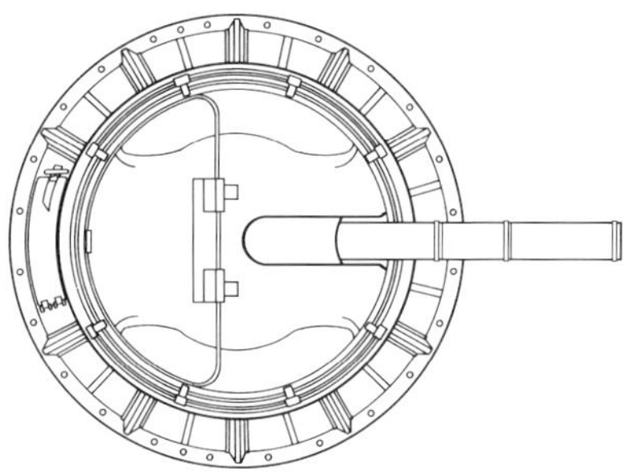

Salute gun 45 mm
Armata salutacyjna kal. 45 mm

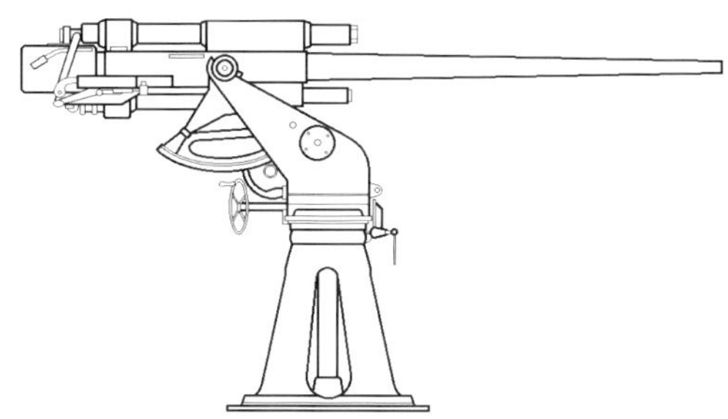

RBU-6000 rocket mortar launcher
Wyrzutnia rakietowych bomb głębinowych RBU-6000

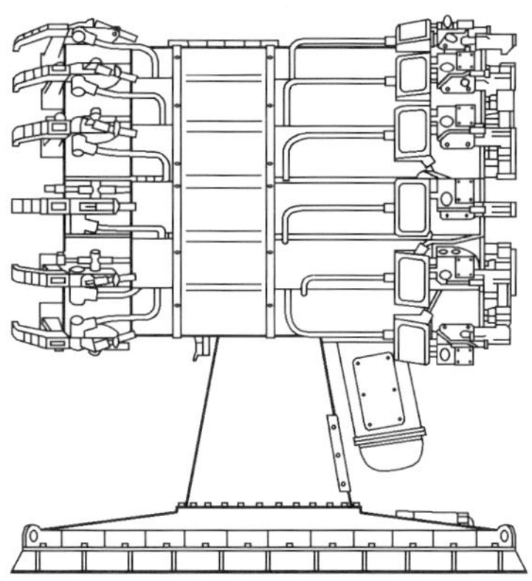

Left side view
Widok z lewej strony

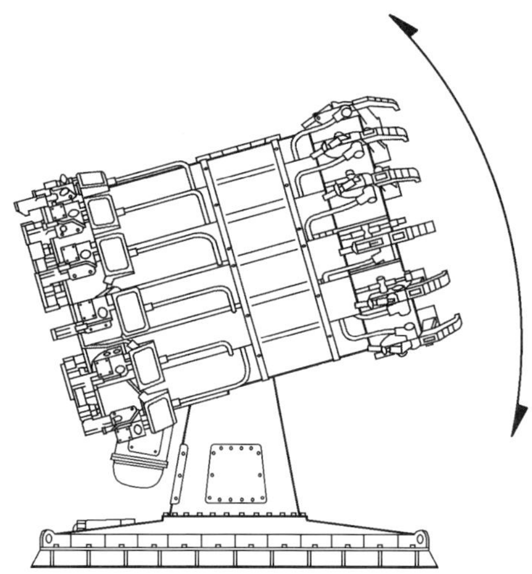

Right side view
Widok z prawej strony

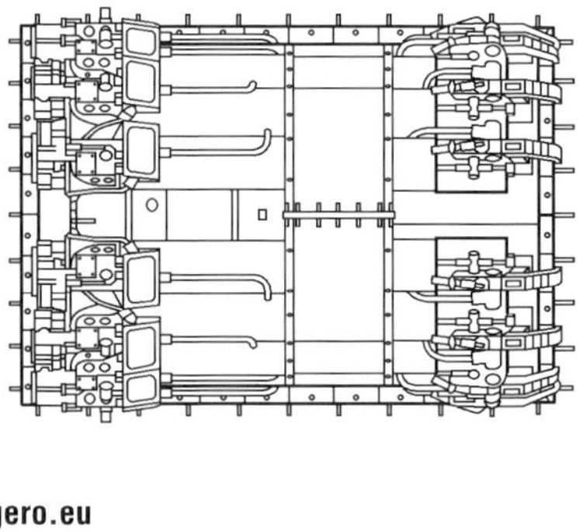

Top view
Widok z góry

Scale/Skala 1:50, 1:100

Varyag

ZIF-121 decoy RL launcher
Wyrzutnia celów pozornych ZIF-121

Left side view
Widok strona lewa

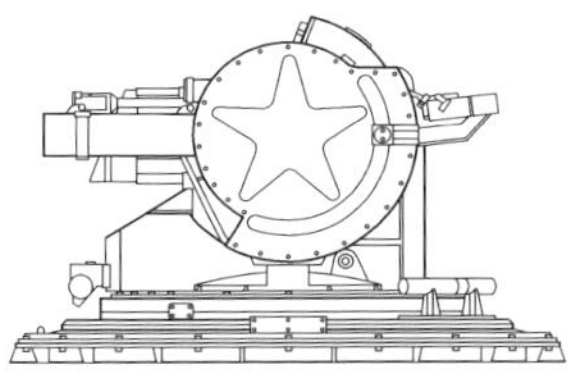

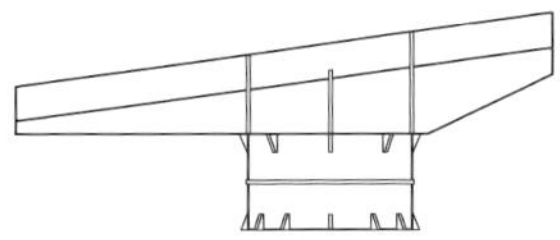

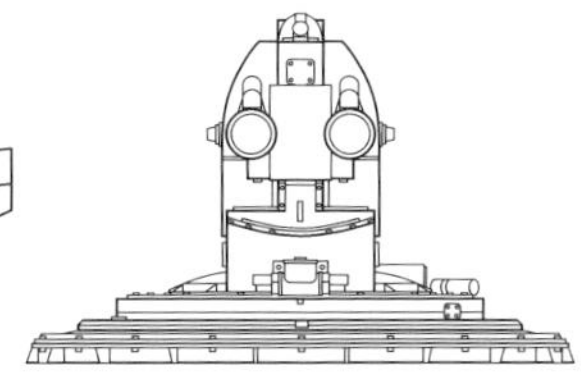

Front view
Widok od przodu

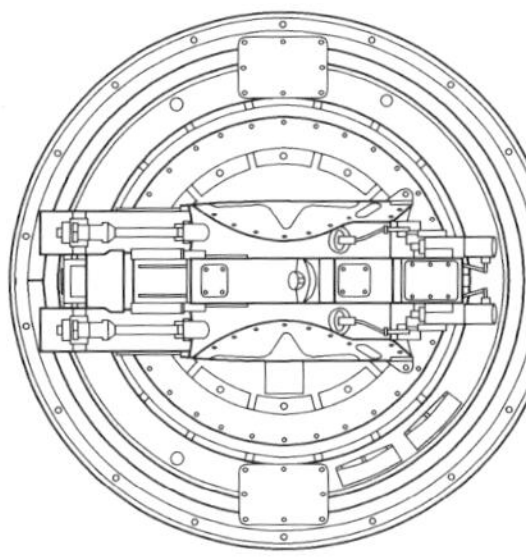

Top view
Widok z góry

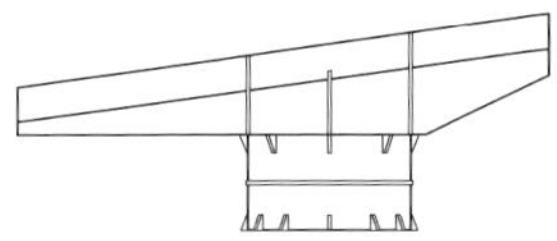

Cartridge catchers (side view)
Rynna dla łusek widok z boku

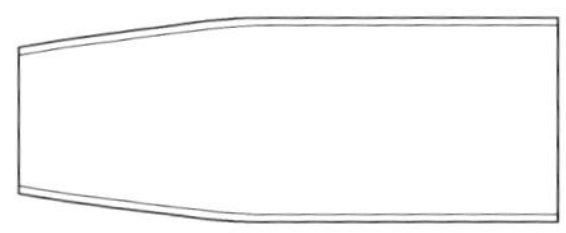

Top view
Widok z góry

ZIF-122 4K33 Osa-M SAM system launcher
Wyrzutnia rakiet ZIF-122 systemu przeciwlotniczego Osa-MA

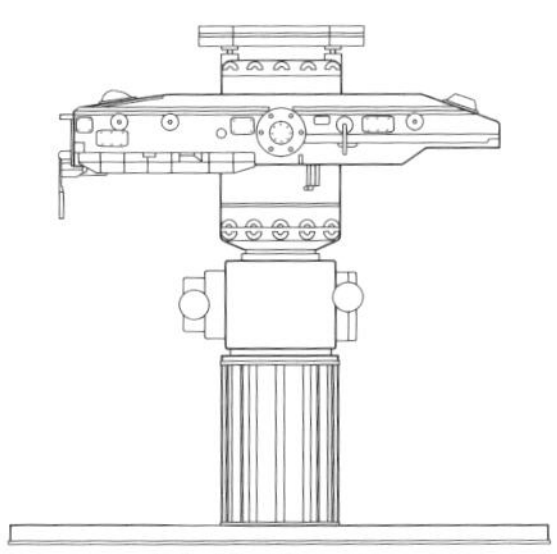

Right side view
Widok z prawej strony

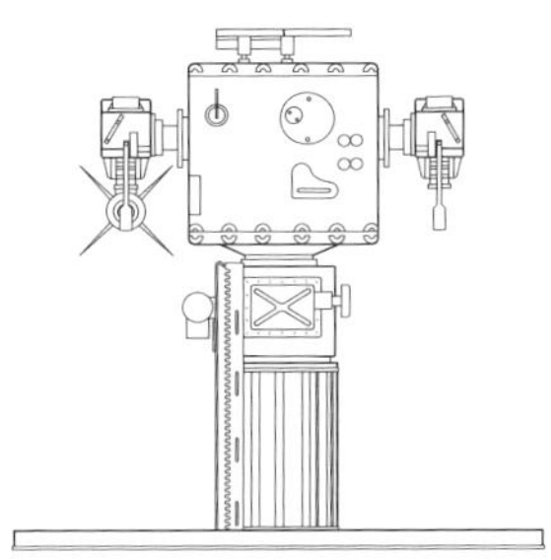

Front view
Widok od przodu

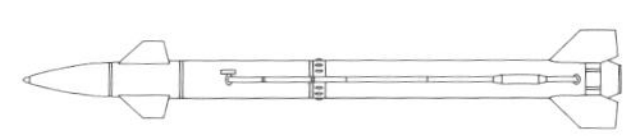

Missile
Pocisk

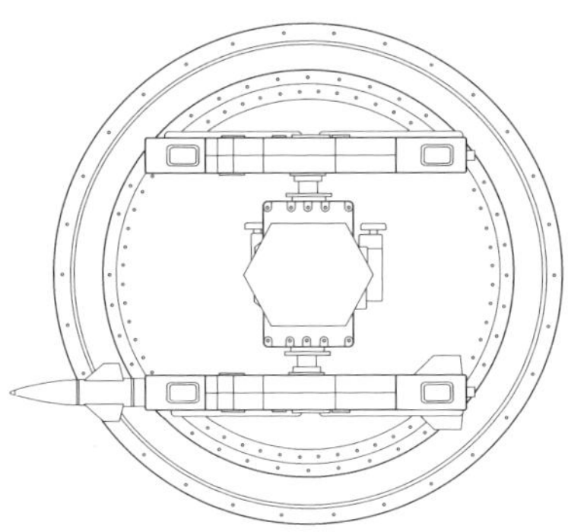

Top view
Widok z góry

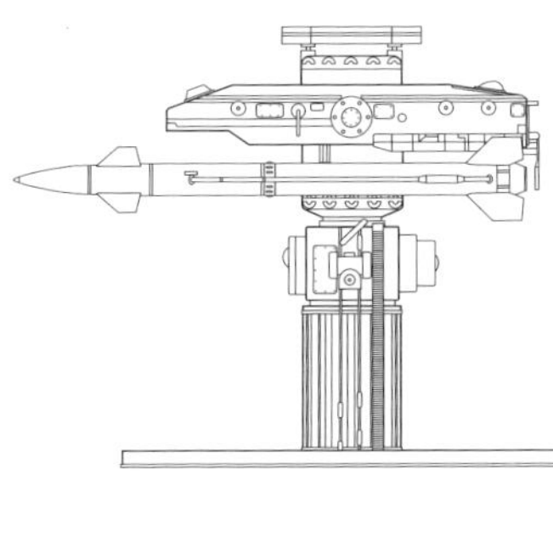

Left side view
Widok z lewej strony

Scale/Skala 1:50, 1:100

Varyag

533 mm torpedo tube
Wyrzutnia torped kal. 533 mm

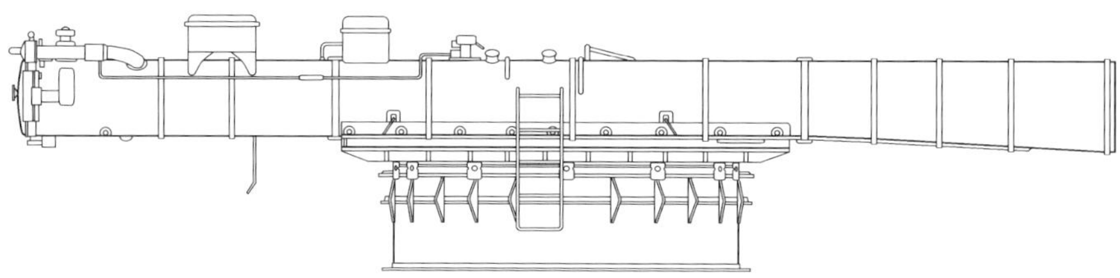

Right side view
Widok z prawej strony

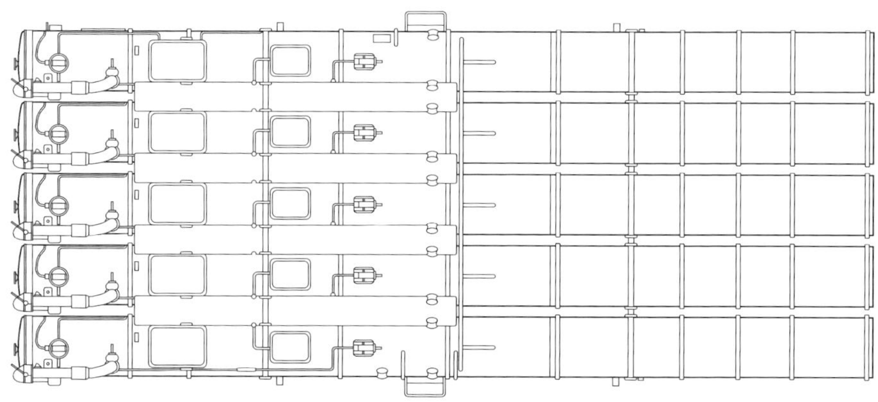

Top view
Widok z góry

MR-600 Voskhod air/surface search radar antenna
Antena systemu obserwacji powietrznej MR-600 Woschod

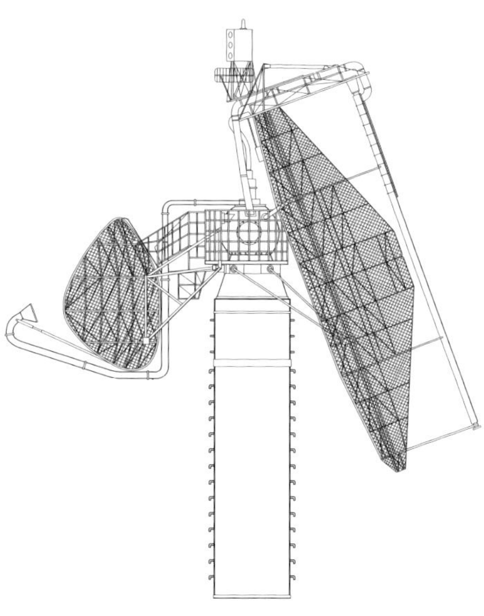

Right side view
Widok z prawej strony

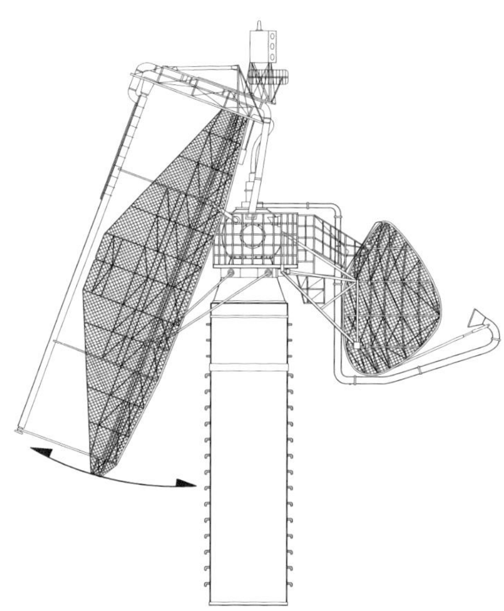

Left side view
Widok z lewej strony

MR-750 Fregat air/surface search radar antennas
Antena systemu obserwacji ogólnej MR-750 Friegat-MA

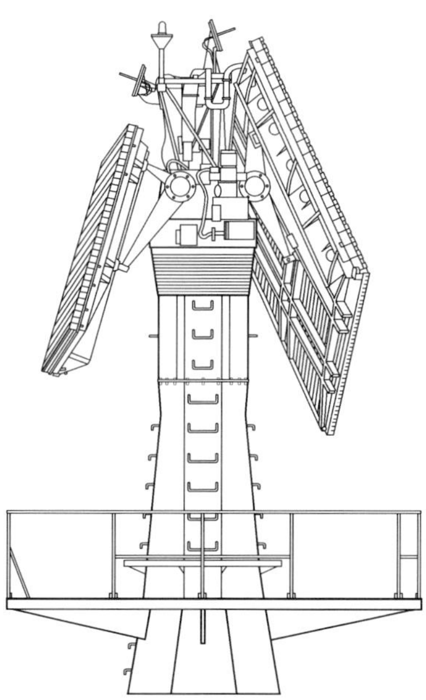

Right side view
Widok z prawej strony

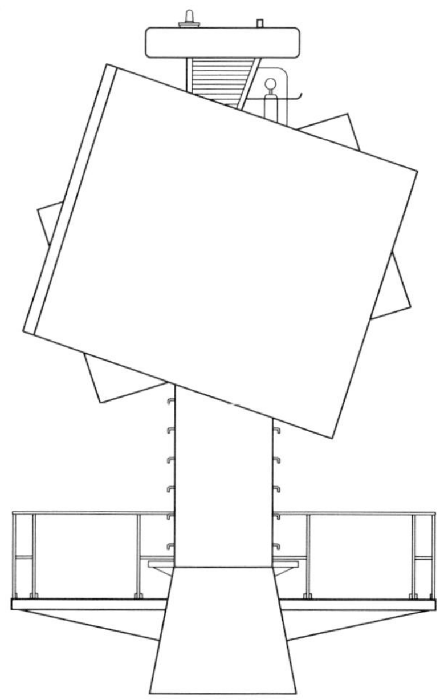

Front view
Widok od przodu

3R41 S-300F fire control system
Zestaw kierowania ogniem 3R41 systemu S-300F

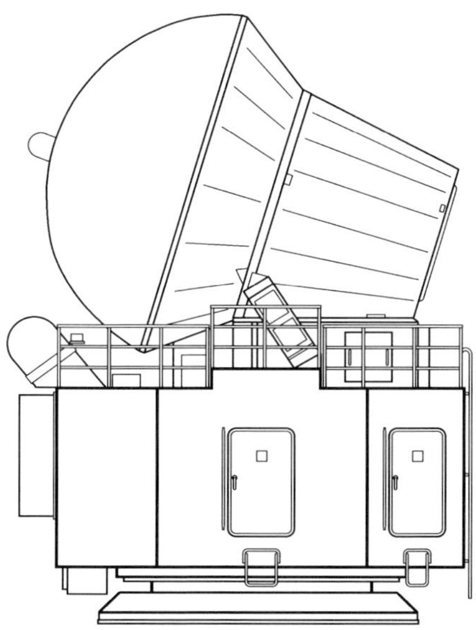

Right side view
Widok z prawej strony

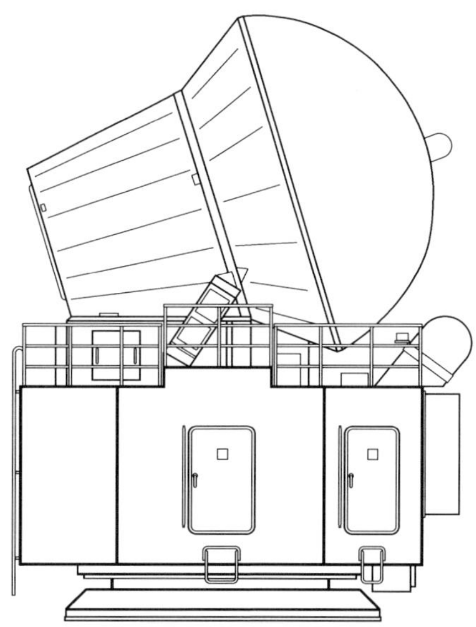

Left side view
Widok z lewej strony

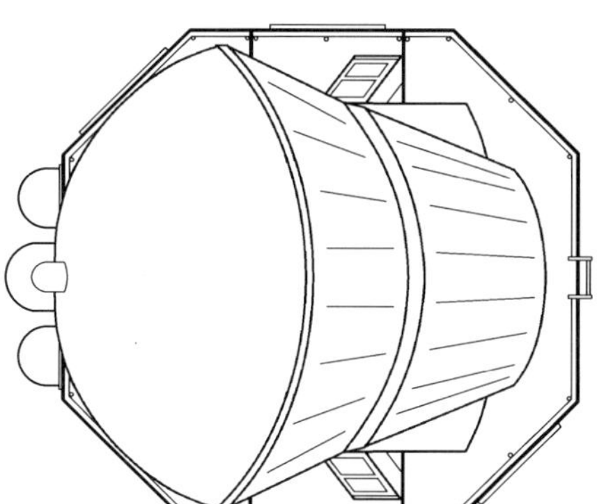

Top view
Widok z góry

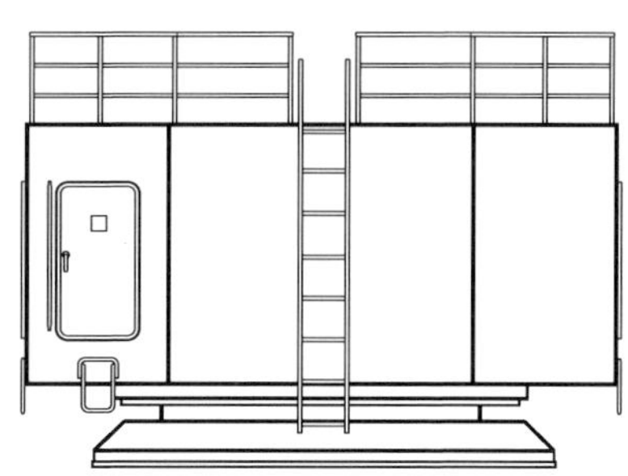

Rear view
Widok od tyłu

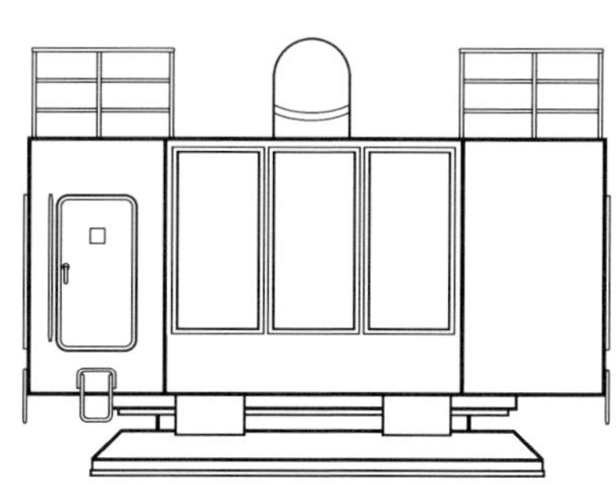

Front view
Widok od przodu

Scale/Skala 1:50, 1:100

Varyag

4R33 Osa-Ma target detection system
Zestaw wykrywania celów 4R33 systemu Osa-MA

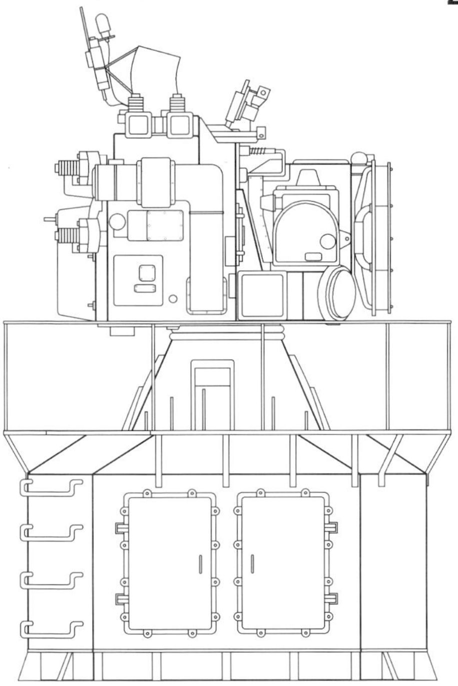

Right side view
Widok z prawej strony

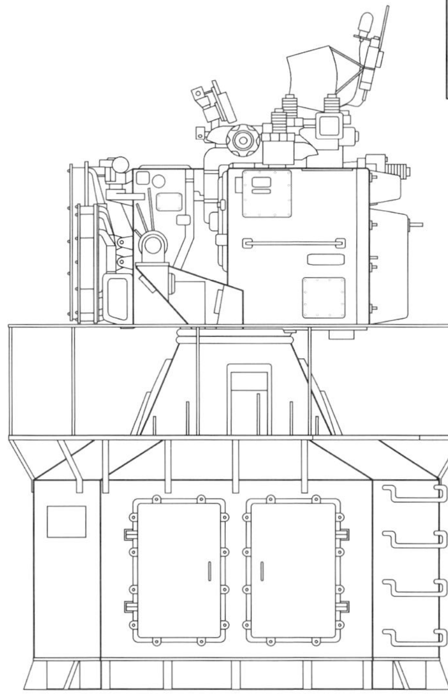

Left side view
Widok z lewej strony

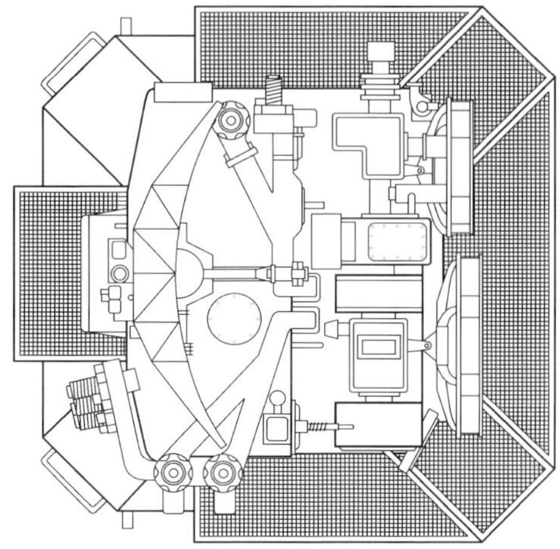

Top view
Widok z góry

MP-184 fire control system antenna
Antena systemu kierowania ogniem MP-184

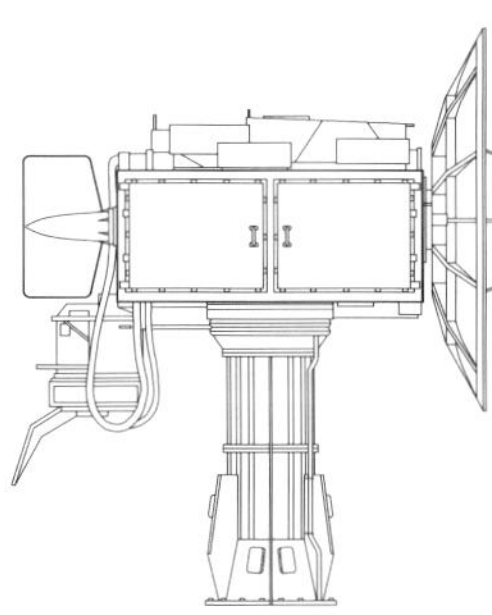

Right side view
Widok z prawej strony

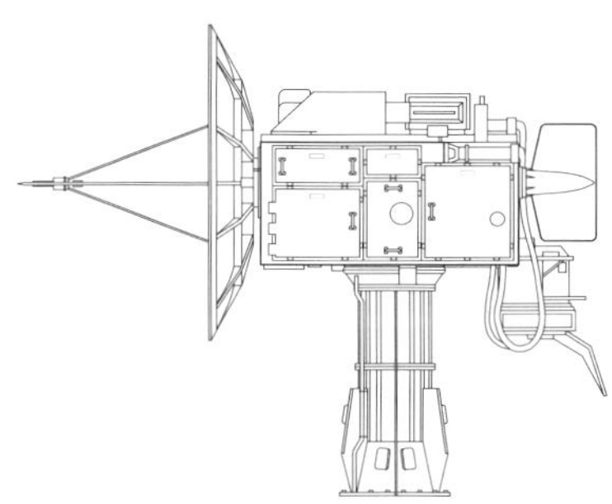

Left side view
Widok z lewej strony

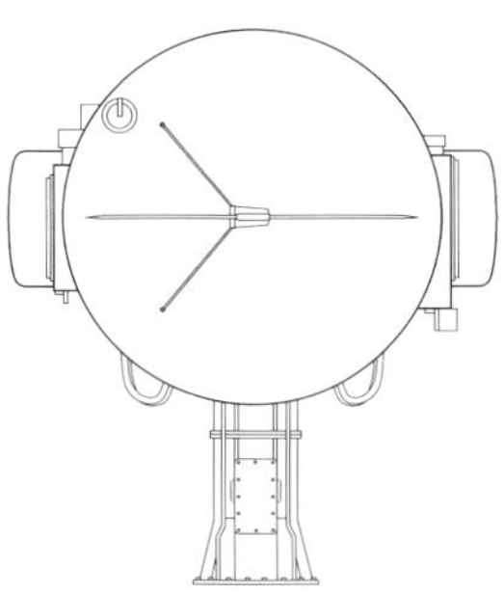

Front view
Widok od przodu

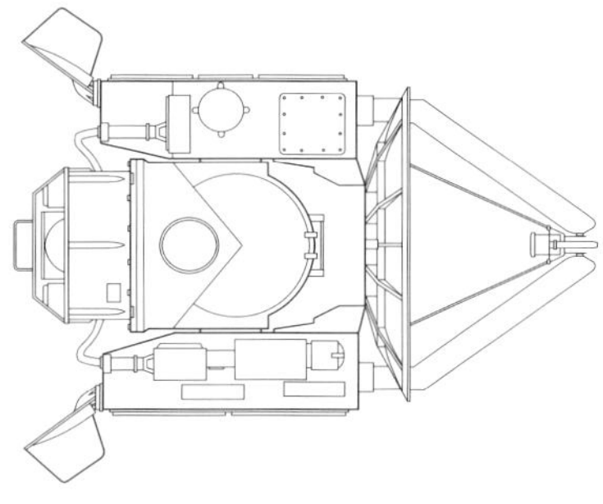

Top view
Widok z góry